JAN VAN EYCK
ET LA MAITRISE DU DÉTAIL

Un primitif flamand
en avance
sur son temps

par Céline Muller

50MINUTES

Avec la collaboration de Stéphanie Reynders

JAN VAN EYCK

- **Naissance ?** Né entre 1390 et 1400 à Maaseik (Belgique).
- **Mort ?** Décédé le 9 juillet 1441 à Bruges (Belgique).
- **Contexte ?** Jan Van Eyck est souvent considéré comme l'un des premiers primitifs flamands, terme désignant les peintres en activité au XVe siècle dans les Pays-Bas méridionaux (Belgique, Luxembourg et Nord de la France actuels), qui connaissent à cette époque un essor culturel important.
- **Œuvres majeures ?**
  - *L'Agneau mystique* (1420-1432)
  - *L'Homme au turban rouge* (1433)
  - *Les Époux Arnolfini* (1434)
  - *Le Chancelier Rolin en prière devant la Vierge*, dit *La Vierge au chancelier Rolin* ou *Vierge d'Autun* (vers 1435)

Jan Van Eyck est une figure emblématique de la peinture flamande du XVe siècle. Il est principalement connu en tant que peintre du retable *L'Agneau mystique* ou, à tort, comme l'inventeur de la peinture à l'huile, ainsi que l'affirme Giorgio Vasari (1511-1574). En réalité, l'œuvre de Jan Van Eyck incarne les changements culturels qui se produisent entre la fin du Moyen Âge et le début de la Renaissance. En effet, parallèlement à la Renaissance italienne qui naît à Florence, on assiste vers 1420 à l'émergence d'un art nouveau (justement nommé ars nova) dans les régions des Flandres et des Pays-Bas. Le contexte économique y est florissant et donc propice à la création artistique.

Par ailleurs, de nouvelles découvertes techniques révolutionnent l'art. Grâce à la superposition de plusieurs couches de glacis appliquées sur un fond clair et à l'emploi de peinture liée à l'huile, la lumière se reflète de manière totalement nouvelle dans les tableaux des primitifs flamands. Cette technique, perfectionnée par Van Eyck, suscite l'émerveillement dans toute l'Europe, même chez les artistes italiens considérés alors comme des maîtres de la peinture. Nombre de peintres étrangers s'exercent alors à cette nouvelle manière de peindre et l'exportent dans leur pays d'origine. Le rayonnement de l'ars nova sur tout le continent européen est ainsi assuré.

Grâce à ces innovations picturales, Jan Van Eyck compose des œuvres s'approchant au plus près du réel. Tout dans le rendu des reliefs, des volumes ou encore de la lumière tend vers ce but. L'artiste entend donner l'illusion de la vie à ses personnages. De même, un nouveau sujet d'étude prend place dans ses toiles : l'homme. Ainsi, bien que son œuvre soit principalement composée de représentations de la Vierge Marie, Jan Van Eyck est considéré comme un maître du portrait. Les visages qu'il peint, vus de trois-quarts face et dont les yeux fixent le spectateur, bousculent les codes de l'époque.

CONTEXTE

LE SIÈCLE DE L'HUMANISME

Le XVe siècle est une époque charnière entre le Moyen Âge et la Renaissance. Celle-ci constitue un vaste mouvement de renouveau dans les arts qui prend sa source en Italie. Peu à peu, l'homme s'affranchit d'un cadre religieux omniprésent pour s'intéresser à lui-même. Ce mouvement de pensée, appelé « humanisme », le place au centre des préoccupations dans tous les domaines culturels : littérature, peinture, architecture, etc. On attribue la paternité du mouvement humaniste à l'érudit Pétrarque (1303-1374). Ce dernier, qui réétudie des auteurs oubliés comme Cicéron (106-43 av. J.-C.), est imité par de nombreux intellectuels, qui abandonnent les modèles médiévaux au profit des enseignements de l'Antiquité gréco-romaine, redécouverte à travers les textes originaux, et non plus via leurs traductions. Cela conduit à un véritable renouveau intellectuel et artistique. Depuis son berceau italien, ce courant se propage ensuite dans toute l'Europe. Si l'humanisme se présente de manière différente à Florence et dans les Flandres, dans les deux cas, il s'agit de s'intéresser à la nature et à l'individu.

C'est également un siècle d'innovations et de découvertes en matière de techniques artistiques. Pour rendre leurs toiles plus réalistes, les peintres utilisent dorénavant les lois de la perspective et, pour que la lumière puisse faire partie intégrante de la composition, ils perfectionnent la peinture à l'huile. En outre, on commence à voir de plus en plus d'œuvres aux sujets profanes côtoyer les thèmes religieux, afin de rendre compte de l'importance nouvelle de l'homme. La nature elle-même ne lui résiste pas. Les arts entendent bien la dominer, ce qui se constate à travers la multiplication des peintures de paysages mais aussi dans les faits : les constructions architecturales se font de plus en plus nombreuses et audacieuses. D'ailleurs, l'homme va jusqu'à repousser les limites de la connaissance en prenant la mer et en redessinant les frontières du monde connu : il découvre l'Amérique en 1492.

Cette nouvelle manière de penser connaît un rayonnement sans précédent, largement aidé par l'invention de l'imprimerie au milieu du xve siècle. La soif de savoir absolu et universel, but ultime des intellectuels de ce siècle, est telle que les premières traductions de la Bible en langue vernaculaire (c'est-à-dire dans la langue des pays où elles sont distribuées) apparaissent. Les Écritures étaient, auparavant, diffusées uniquement en latin, et donc à l'usage exclusif des érudits.

LA PROSPÉRITÉ DES FLANDRES

Jan Van Eyck est souvent considéré comme l'un des premiers primitifs flamands. Ce terme désigne les peintres en activité dans les anciens Pays-Bas méridionaux unifiés par les ducs de Bourgogne au début du xve siècle.

Grâce à leur politique conquérante et à des alliances matrimoniales efficaces, les ducs de Bourgogne deviennent rapidement l'une des grandes puissances de l'époque. La ville de Bruges, à travers son faste et sa splendeur, illustre parfaitement la prospérité de la Flandre et des Pays-Bas du xve siècle. Ses activités commerciales, rendues prospères grâce à l'industrie du drap et de produits de luxe, ainsi que sa situation privilégiée en font une plaque tournante du commerce européen. La ville s'enrichit également des échanges et des liens qu'elle noue avec ses partenaires commerciaux comme Londres, Gênes et Venise.

Ce contexte économique est propice à l'émulation artistique. La cour de Bourgogne, décrite comme luxueuse par de nombreux chroniqueurs de l'époque, place une grande partie de sa richesse dans le mécénat. Outre la peinture, les arts de la miniature et de la tapisserie deviennent florissants.

Grâce aux nombreux échanges commerciaux, les navires ramènent avec eux, d'une part, les innovations artistiques italiennes et, d'autre part, contribuent à propager le style flamand en Italie, en Allemagne mais aussi en France.

LA VALORISATION DE L'ARTISTE

La cour bourguignonne n'est toutefois pas le seul commanditaire des peintres flamands. En effet, certaines villes comme Bruges, Anvers ou Gand sont si prospères qu'une nouvelle classe sociale fait son apparition : la bourgeoisie marchande. Celle-ci entend bien s'imposer et manifester son prestige en adoptant les usages des aristocrates de l'époque, qui ont notamment pour habitude de se faire immortaliser sur la toile. Cette nouvelle mode participe ainsi à l'essor de l'art du portrait. Pour faire face à la demande grandissante, de véritables ateliers de peintres se développent partout en Flandre.

Si certains artistes dépendent directement d'une cour ou d'un prince, ce qui les rend plus libres, la plupart appartiennent généralement à une guilde, c'est-à-dire à une corporation d'artistes. L'appartenance à une guilde est réglementée et conditionnée par un apport financier annuel, mais elle offre plusieurs avantages :

- premièrement, la guilde soutient financièrement les artistes locaux ;
- elle offre également une certaine sécurité sociale en cas de maladie ou de décès, sous la forme d'aide financière à la famille de l'artiste ;
- ensuite, elle occupe un rôle important dans la maîtrise de la concurrence. C'est dans ce cadre que la guilde favorise l'installation d'ateliers dans lesquels se forment un certain nombre d'apprentis. Conformément à des règles hiérarchiques strictes, seuls les maîtres ont le droit de signer les œuvres produites dans ces centres ;

- enfin, elle a pour tâche de contrôler la qualité de la production artistique de ses membres par le biais d'un jury. Les œuvres « marquées », c'est-à-dire approuvées par ce jury, sont alors synonymes de qualité dans toute l'Europe.

L'artiste sort donc peu à peu de l'ombre dans laquelle le Moyen Âge le confinait. Mais encore faut-il passer par les quatre ans d'apprentissage requis par la guilde et accéder à la maîtrise pour avoir une chance de se faire un nom.

À cette époque marquée par la valorisation de l'homme, Jan Van Eyck est l'un des premiers peintres flamands à prendre conscience de son statut d'artiste et à signer ses œuvres. Un exemple notable est la signature retrouvée sur le cadre du portrait de l'homme au turban : « JOHES DE EYCK ME FECIT ANO MCCCC.33. 21. OCTOBRIS » (« Jan Van Eyck m'a fait le 21 octobre 1433 »). Signature qui est d'ailleurs assortie de sa devise « AlC IXH XAN », « Je fais ce que je peux », qui apparaît, elle aussi, sur plusieurs de ses œuvres. Au vu de la documentation retrouvée dans les registres administratifs, on sait également de Van Eyck qu'il compte peu sur les membres de son atelier pour l'aider à réaliser ses œuvres. Ses assistants sont souvent relégués aux tâches ingrates de préparation des enduits ou de nettoyage des ustensiles.

JAN VAN EYCK, L'INVENTEUR DE LA PEINTURE À L'HUILE ?

Longtemps, Jan Van Eyck a été considéré, à tort, comme l'inventeur de la peinture à l'huile. Ce mythe a été véhiculé par Giorgio Vasari, l'auteur des *Vies des meilleurs peintres, sculpteurs et architectes* (1550), ouvrage considéré encore aujourd'hui comme l'une des publications fondatrices de l'histoire de l'art. En effet, le procédé consistant à mélanger les pigments dans l'huile est déjà connu des érudits du XIIIe siècle et utilisé pour la conservation et le transport des pigments. Van Eyck porte toutefois cette technique à un degré de raffinement encore inégalé. Peintre de cour, et donc débarrassé des contraintes des guildes, il expérimente et perfectionne la peinture à l'huile jusqu'à en généraliser l'usage auprès de ses successeurs.

BIOGRAPHIE

DES DÉBUTS ÉNIGMATIQUES

On connaît peu de choses sur la naissance, l'enfance et les débuts de la carrière de Jan Van Eyck. Ce n'est qu'au XVIᵉ siècle que les écrivains et historiens Lucas d'Heere (1534-1584) et Marcus Van Vaernewijck (1518-1569) situent sa naissance en région mosane, à Maaseik, entre 1390 et 1400, en se basant eux-mêmes sur des sources postérieures à la vie du peintre. On trouve la première mention de Jan Van Eyck dans des registres administratifs de la corporation des artistes de Gand en 1424. L'artiste est alors désigné comme « peintre de la cour et valet de chambre » au service de Jean de Bavière (1373-1424), comte de Hollande et prince-évêque de Liège, et il est chargé de décorer le palais du Binnenhof, près de La Haye. Malheureusement, il ne reste aucune trace de ce travail mis à part quelques copies postérieures.

Lucas d'Heere et Marcus Van Vaernewijck attribuent à Jan Van Eyck un frère aîné, Hubert Van Eyck (1366-1426), ainsi qu'un frère et une sœur plus jeunes, Lambert et Marguerite, qui se seraient, tous deux, également essayés à la peinture. Mais, encore une fois, les sources historiques nous manquent pour retracer l'histoire de la famille Van Eyck.

AU SERVICE DE LA COUR DE BOURGOGNE

L'entrée de Van Eyck à la cour de Bourgogne, en 1425, sous la tutelle de Philippe III (1396-1467), dit Philippe le Bon, marque un tournant décisif dans sa carrière. Il y perçoit une rente annuelle fixe, mais les registres de la cour font également état de paiements supplémentaires pour « certains loingtains voyages secrez » (« Van Eyck, Jan », sur http://balat.kikirpa.be/peintres/Detail_notice.php?id=5597, consulté le 23/05/2014). En 1428, notamment, le peintre est envoyé au Portugal pour réaliser le portrait de la fille du roi Jean ier (1357-1433), promise au duc de Bourgogne. Manifestement, le portrait plaît puisque Philippe le Bon épouse Isabelle (1397-1471) en 1430 à Bruges. Ces voyages à vocation diplomatique sont l'occasion pour Van Eyck d'observer d'autres manières de peindre. Mais ils lui permettent aussi de diffuser son art et ses techniques.

En 1432, Jan Van Eyck s'installe à Bruges et épouse une certaine Marguerite dont on ne sait pratiquement rien si ce n'est qu'elle lui donne un enfant en 1434. En dehors de ce qui est consigné dans les registres de la cour de Bourgogne, il existe peu d'information sur la vie privée de l'artiste, sur sa famille et même sur son parcours académique. Ce qui est certain, en revanche, c'est l'admiration que lui vouent ses contemporains, en particulier en Italie. Ainsi, vers 1450, l'humaniste Cyriaque d'Ancône (1391-1455) le qualifie de « doyen des peintres, peintre insigne de notre temps » dans son œuvre principale, les *Commentaria*.

Malheureusement, il ne reste pas non plus grand-chose de son travail pour Philippe le Bon, ni les décors réalisés pour les résidences ducales de Hesdin, Bruxelles et Lille, ni les portraits ou les blasons peints pour le duc et sa famille. N'ont subsisté que quelques copies postérieures de ses peintures d'agrément.

UN ESPACE DE LIBERTÉ AU SEIN DE SON ATELIER

Débarrassé des contraintes pécuniaires et jouissant d'une liberté de création presque totale, Jan Van Eyck en profite pour expérimenter des techniques inédites et de nouveaux thèmes picturaux dans son atelier de Bruges. Bien que peintre de la cour, il travaille également pour d'autres commanditaires.

C'est notamment pour l'échevin de Gand, Judocus Vijd, marguillier (la personne chargée de tenir les registres) de l'église Saint-Jean, l'actuelle cathédrale Saint-Bavon de Gand, que Jan Van Eyck peint le célèbre *Agneau mystique*, considéré comme l'un de ses chefs-d'œuvre malgré les nombreuses controverses que suscite le polyptique. L'artiste entre par la suite dans l'histoire en acceptant une commande de Giovanni Arnolfini (1400-1470), un riche marchand originaire de Lucques, en Toscane. Il peint pour lui l'un des premiers portraits privés de l'histoire sur toile. Avant cela, on trouve notamment des portraits de particuliers sur des fresques, des médailles ou des panneaux de bois, mais les seuls portraits peints sur toile sont ceux des saints ou de la Sainte-Trinité.

L'*AGNEAU MYSTIQUE*, UNE ŒUVRE À QUATRE MAINS ?

Il est très difficile de définir l'exacte part qu'a pris Jan van Eyck dans l'exécution du retable de *L'Agneau mystique* (terminé en 1432). Il est généralement admis, à présent, que l'œuvre a été commencée par Hubert Van Eyck, le frère de Jan, et reprise ensuite par celui-ci à sa mort, en 1426. Cette version est d'ailleurs confirmée par une inscription latine retrouvée sur le cadre du polyptyque (bien que son authenticité soit, elle aussi, sujette à discussion).

Cependant, certains doutent de l'existence de Hubert Van Eyck. C'est le cas d'Émile Renders (1872-1956), célèbre collectionneur de tableaux de primitifs flamands, qui publie en 1933 un ouvrage intitulé Hubert Van Eyck, personnage de légende. Renders estime que le personnage de Hubert Van Eyck aurait été créé de toutes pièces dans le but de déplacer le berceau de l'art flamand de Bruges vers Gand, où aurait exercé Hubert. Cette version est toutefois très controversée et la plupart des historiens s'accordent pour dire que le véritable nœud du problème n'est pas de débattre sur l'existence d'Hubert mais de déterminer quelles parties du tableau sont l'œuvre de Jan Van Eyck et lesquelles peuvent être attribuées à son frère.

En 1436, Jan Van Eyck voyage une dernière fois pour le compte de Philippe le Bon, ce qui est recensé dans les registres administratifs comme un pèlerinage. Il meurt peu après, le 9 juillet 1441, et est inhumé à Bruges, dans le cloître de l'église Saint-Donatien.

Il est ensuite transféré à l'intérieur même de l'église, en qualité de « membre de la familia ducale ». Aussi le duc Philippe le Bon continue-t-il à verser à sa veuve une partie de la rente attribuée à l'artiste.

CARACTÉRISTIQUES

UN STYLE HYBRIDE

Si l'homme est à cheval entre deux époques, le style du peintre l'est également. Qualifié tantôt de gothique tardif, tantôt de pré-renaissant, le style de Jan Van Eyck emprunte aux deux tendances.

Van Eyck, à l'instar des autres primitifs flamands, reprend du gothique :

- son iconographie religieuse (il existe de nombreuses représenta-tions de la Vierge dans l'œuvre de Jan Van Eyck) ;
- l'aspect frêle et étiré des figures humaines ;
- une quasi-absence du nu, pourtant très apprécié dans l'art antique et renaissant ;
- des représentations architecturales rappelant les palais ou les maisons privées du Nord de l'Europe, représentatives de carac-téristiques gothiques locales – en effet, l'architecture baroque en Italie, par exemple, présente d'autres particularités.

Du style renaissant, il emprunte les aspects suivants :

- l'introduction du profane à travers la peinture de portraits de particuliers, souvent des commanditaires. Les sujets religieux ne sont donc plus les seuls représentés ;
- son réalisme accru, obtenu grâce à une observation méticuleuse de la nature ;
- l'importance de la perspective et des jeux de lumière ;
- un intérêt nouveau pour la figure humaine (que ce soit dans les thèmes des tableaux ou dans le rendu de l'anatomie de ses personnages). Le peintre lui-même commence à signer ses œuvres : c'est le début du vedettariat de l'artiste.

À ces caractéristiques s'ajoutent quelques particularités chères aux primitifs flamands, notamment un goût prononcé pour les jeux de trompe-l'œil, pour les illusions d'optique (surtout à travers les miroirs), ainsi que pour les détails et les effets chromatiques, rendus possibles par l'utilisation de la peinture à l'huile. Aussi trouve-t-on un sens caché derrière des œuvres d'apparence anodine.

Concernant ce réalisme extrême qui constitue certainement un des traits typiques du peintre, Lucas d'Heere dit même de ses œuvres que « ce sont des miroirs, et non des scènes peintes ».

UNE TECHNIQUE NOVATRICE

Pour créer de la peinture, il est nécessaire de mélanger des pigments (qui donnent la couleur) à un liant (qui permet la tenue). Auparavant, on utilisait une technique dite « à la détrempe » qui était basée sur une solution aqueuse associée soit à une colle animale, soit à une gomme (par exemple, la gomme arabique), soit à du jaune d'œuf (la célèbre peinture a tempera).

Van Eyck, quant à lui, généralise l'emploi de la peinture à l'huile auprès de ses successeurs, suite à une découverte capitale : il ajoute des résines aux traditionnelles huiles de noix ou de lin afin de faire sécher la peinture plus rapidement. La peinture à l'huile permet d'obtenir une grande netteté dans les détails, une précision de trait et une luminosité que n'atteint pas la peinture à la détrempe. La technique sert donc avant tout la volonté des peintres de rendre compte de la réalité. Enfin, la peinture à l'huile est idéale pour jouer sur les effets de transparence, pour rendre les teintes des couleurs très vives ou encore pour donner une impression de profondeur. Pour ce faire, Van Eyck superpose plusieurs fines couches de liant légèrement pigmenté appelées « glacis ».

Il est attesté que l'artiste réalisait un dessin préparatoire avant de commencer à peindre, en témoignent les dessins annotés de sa main retrouvés notamment pour le portrait du cardinal Niccolò Albergati (1438).

UNE PRÉDILECTION POUR LES PORTRAITS

Profitant de la protection et du mécénat de Philippe le Bon, Jan Van Eyck s'essaie aussi bien aux tableaux religieux qu'aux portraits de particuliers. En effet, si l'essentiel de son œuvre se compose de représentations de la Vierge Marie, il est aussi l'un des premiers peintres à réaliser, sur toile et de façon intention-nelle, des portraits d'individus (par opposition aux traditionnels portraits de saints) qui fixent le spectateur. Ainsi, il est considéré par la majorité des historiens de l'art comme le fondateur du portrait occidental.

Ses œuvres présentent pratiquement toutes le même schéma (à l'exception peut-être des *Époux Arnolfini*) : il peint le buste de son modèle et met l'accent sur son visage, tourné vers la gauche et généralement exposé de trois-quarts face, les yeux semblant suivre le spectateur.

L'AGNEAU MYSTIQUE

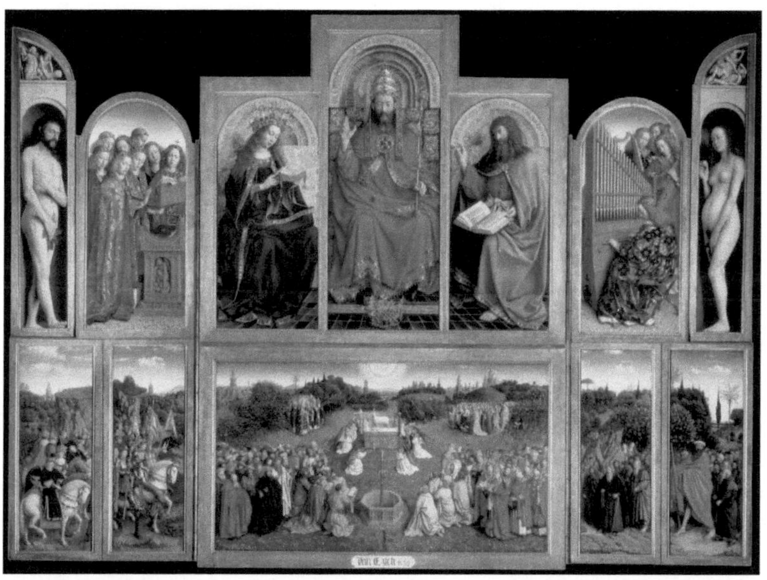

L'Agneau mystique, 1420-1432, huile sur bois, 350 x 461 cm (ouvert) et 350 x 223 cm (fermé), Gand, cathédrale Saint Bavon.

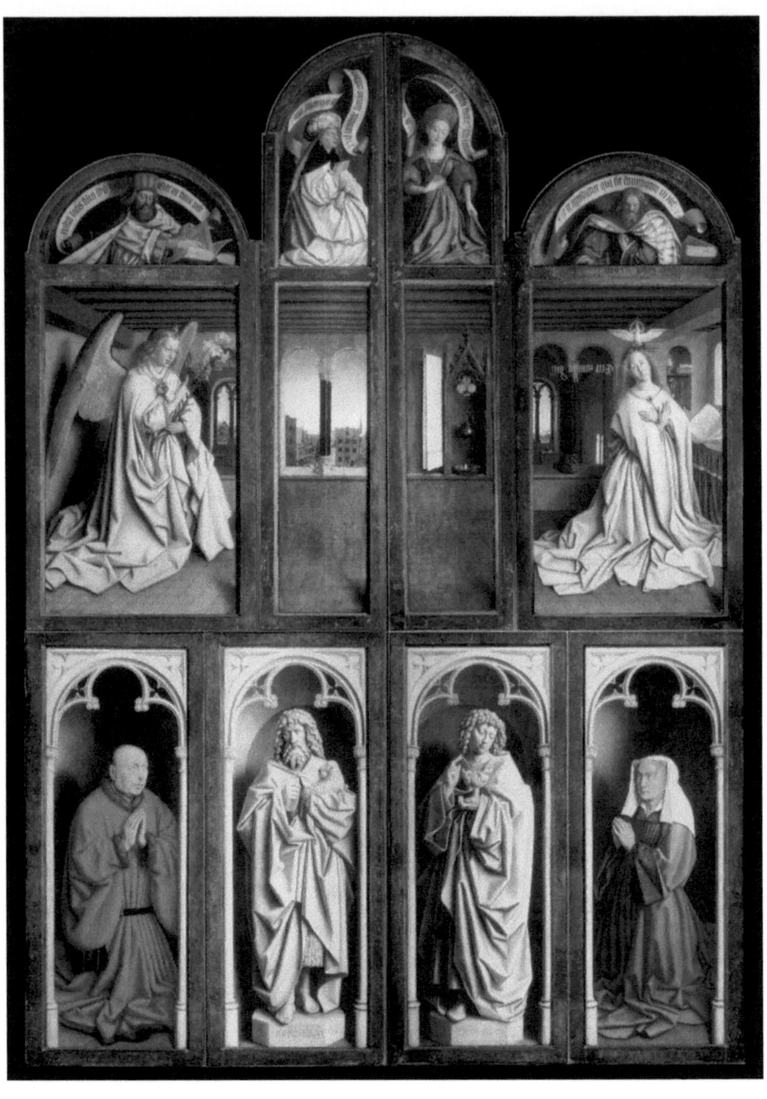

L'*Agneau mystique*, retable fermé.

Cette œuvre est considérée comme la plus ancienne peinture flamande précisément datée. Sa date d'achèvement, 1432, est notée à même le cadre. Elle est commandée par Jodocus Vijd, échevin de

Gand qui a également la charge des registres de l'église Saint-Jean (devenue entre-temps la cathédrale Saint-Bavon). Il s'agit d'une représentation au programme iconographique ambitieux sur le thème du salut, mettant en scène toute une série de personnages (saints ou profanes) réunis pour vénérer l'Agneau de Dieu : sur les volets figurent Adam et Ève aux extrémités, puis une assemblée d'anges musiciens ; au centre, on trouve le tribunal céleste composé du Christ, de la Vierge Marie et de saint Jean-Baptiste ; l'agneau sur l'autel symbolise le sacrifice du Christ pour racheter les péchés des hommes, tandis que la fontaine octogonale renvoie sans doute à la vie éternelle. Lorsque le retable est fermé, on peut voir le commanditaire et son épouse, représentés en prière et entourés de saints (deux sibylles et deux prophètes, en gris), ainsi qu'une Annonciation.

De l'esprit gothique, on retrouve ici le goût pour la représentation religieuse. Cependant, cette œuvre est essentiellement novatrice et empreinte de l'esprit de Jan Van Eyck. Tout d'abord, elle est d'un réalisme marquant, ce qui constitue l'une des caractéristiques principales du peintre et des primitifs flamands en général, mus par l'obsession de reproduire fidèlement la réalité jusqu'à en devenir l'exact miroir. On relève le réalisme dans l'accumulation et le rendu des détails, que ce soit des vêtements, des bijoux ou encore des instruments de musique, mais aussi dans la représentation quasi scientifique de la nature. Le peintre délaisse l'espace sacré onirique qui prévalait dans les retables gothiques et s'inspire de sa propre région en ajoutant des éléments architecturaux propres à la Flandre, comme les maisons aux façades dentelées de l'arrière-plan et une évocation de la cathédrale d'Utrecht dans le panneau central. Détail amusant, certaines parties de ces verts paysages sont composées de plantes méditerranéennes témoignant des nombreux voyages de Jan Van Eyck à l'étranger.

Par ailleurs, l'artiste utilise les principes nouvellement mis à jour de la perspective afin de donner au paysage une illusion de profondeur. Il joue même avec le réel en proposant des détails architecturaux en trompe-l'œil.

Outre le mystère qui plane toujours sur les parties peintes par Hubert et celles effectuées par Jan van Eyck, la signification du tableau demeure également énigmatique. Il ne s'agit pas d'une scène historique ou pédagogique destinée à éduquer les fidèles, mais plutôt d'un enseignement ésotérique dont le sens fait l'objet de multiples hypothèses.

L'*AGNEAU MYSTIQUE*, UNE ŒUVRE TRÈS CONVOITÉE

L'Agneau mystique est souvent présenté comme l'œuvre européenne la plus convoitée de ce dernier siècle. Déjà à l'époque de sa conception, le tableau est déplacé de la chapelle du commanditaire vers l'autel principal pour plus de sécurité. Ensuite, après avoir échappé à plusieurs vagues iconoclastes et à Napoléon, une partie de l'œuvre est volée en 1934. Il s'agit du panneau dit des « Juges intègres » qui n'a toujours pas été retrouvé. Il est remplacé depuis par une copie de Jef Vanderveken (1945).

De nos jours, si les panneaux ont à nouveau quitté la cathédrale Saint-Bavon, c'est pour subir une campagne de restauration amorcée en septembre 2012 et qui devrait durer jusqu'en 2015. Tout récemment, une découverte majeure a été faite : les peintures des volets (retable ouvert) présentent une couche de surpeint datant du XVIIᵉ siècle. Le nouveau défi des spécialistes est à présent d'ôter cette couche pour retrouver l'œuvre originale de Jan Van Eyck.

L'HOMME AU TURBAN ROUGE

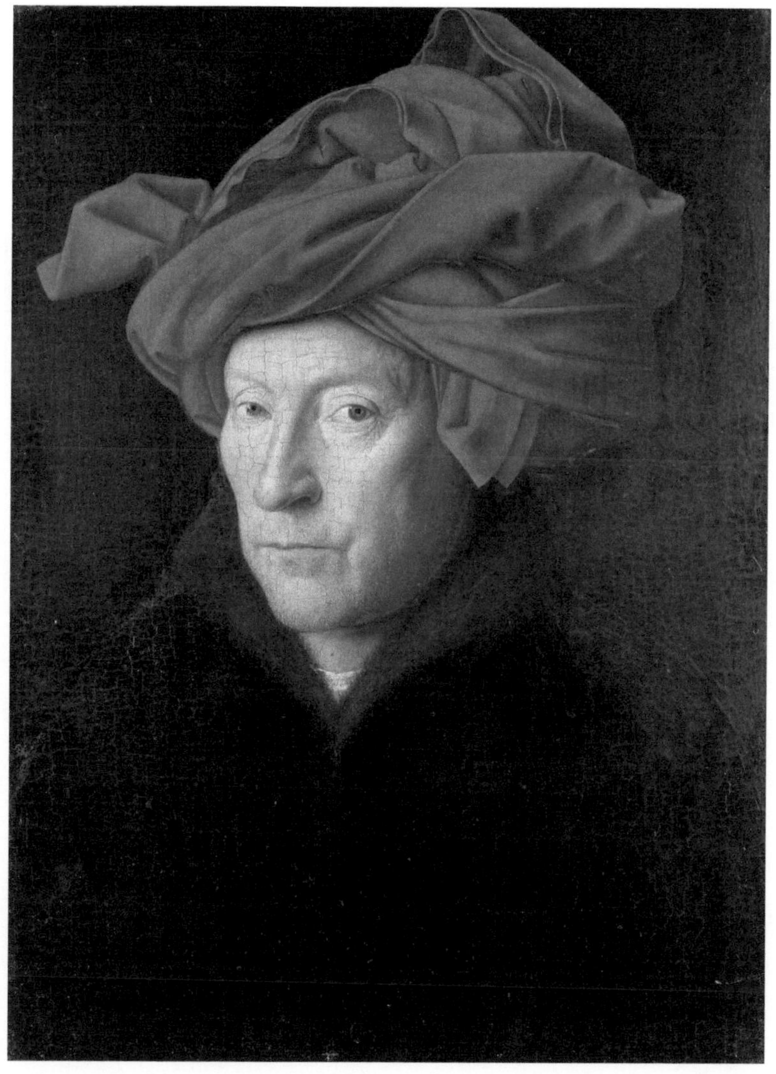

L'Homme au turban rouge, 1433, huile sur bois, 25,5 x 19 cm, Londres, National Gallery.

Cette œuvre constitue l'un des plus anciens portraits profanes. Il s'agit peut-être même d'un autoportrait, mais aucune information pertinente ne permet jusqu'à aujourd'hui de l'affirmer avec certitude.

Sous une apparente simplicité, ce tableau a en réalité nécessité une technique extrêmement aboutie. La complexité du couvre-chef et le détail des rides du visage constituent une véritable prouesse technique. Cette œuvre s'inscrit parfaitement dans le mouvement pré-renaissant. Tout d'abord, la précision résulte immédiatement de l'amélioration de la peinture à l'huile. Ensuite, le portrait s'éloigne de l'idéalisation médiévale pour tendre vers davantage de réalisme : les rides sont mises en évidence sans concession à l'esthétique. Enfin, le peintre mentionne dans le tableau la date précise à laquelle il a terminé l'œuvre, et y appose sa signature (« Jan van Eyck m'a fait le 21 octobre 1433. ») et sa devise (« Du mieux que je peux. »).

LES ÉPOUX ARNOLFINI

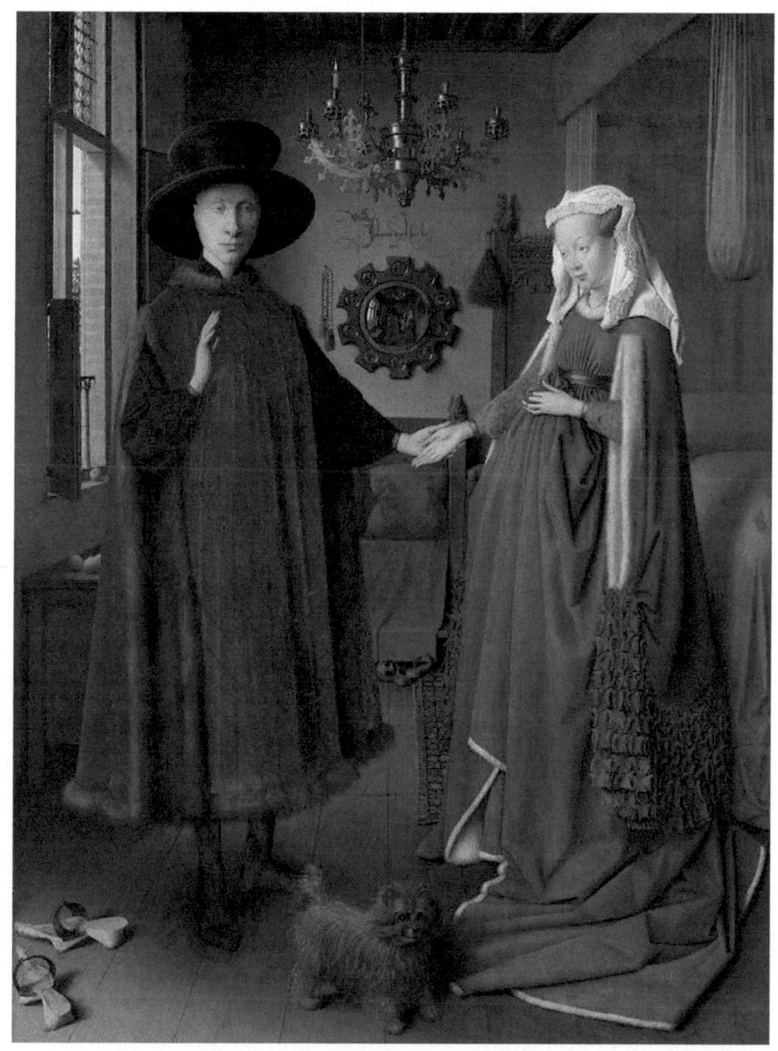

Les Époux Arnolfini, 1434, huile sur bois (chêne), 82,2 × 60 cm, Londres, National Gallery.

Ce tableau représente son commanditaire, Giovanni Arnolfini, un riche marchand italien installé à Bruges, et son épouse, Giovanna Cenami, dans un intérieur flamand. Les personnages posent dans une chambre richement meublée et sont eux-mêmes somptueusement vêtus. L'historien de l'art Erwin Panofsky (1892-1968), qui a donné ses lettres de noblesse à l'iconologie, y voit un mariage secret dont Jan Van Eyck serait à la fois le peintre et le témoin. En effet, selon lui, plusieurs éléments hautement symboliques cachés dans l'œuvre appuient cette idée : la main de la femme posée sur son ventre et dont l'attitude suggère la promesse de fertilité future, le petit chien représentant la vertu chrétienne de la fidélité, la bougie allumée qui est un symbole religieux rappelant la présence du Christ, etc. Cependant, cette théorie est encore controversée à l'heure actuelle.

L'œuvre est le parfait reflet des innovations techniques et stylistiques des primitifs flamands. Malgré la stature un peu rigide et solennelle des personnages qui rappelle les poses de certains archétypes religieux du Moyen Âge, ce tableau est résolument moderne. Nombre d'éléments laissent transparaître la patte de Van Eyck, notamment la minutie des détails : ils sont rendus avec une telle précision qu'il est possible de les observer en se tenant au plus près de l'œuvre, voire en les regardant au microscope. Cette représentation extrêmement fidèle de la réalité n'est possible, ici encore, que grâce à l'utilisation de la peinture à l'huile. La fidélité au mobilier et aux modes vestimentaires flamands (dont les fameuses chaussures en pointe dites « à la poulaine ») est également typique du peintre, de même que l'utilisation de la lumière afin de donner un effet de perspective. De fait, la lumière émane de la fenêtre de gauche pour donner du relief et de la profondeur à l'intérieur de la pièce ainsi que pour modeler les personnages. Enfin, la signature n'est pas reléguée dans un coin obscur du cadre, mais s'inscrit en plein centre du tableau, au-dessus du miroir : « Jan Van Eyck fut ici. »

Toutefois, l'élément le plus important du tableau est, sans conteste, le miroir que l'on entraperçoit à l'arrière-plan. En homme de son temps, Jan Van Eyck s'intéresse à de nombreux domaines de la connaissance : géométrie, alchimie, littérature, théologie, anatomie, lois de la perspective et, surtout, optique. Le miroir placé sur le mur du fond renvoie non seulement les reflets des deux protagonistes peints, mais projette également l'image du peintre au travail et des détails de la ville de Bruges, visibles à travers la fenêtre mais invisibles au premier plan. Plus que de s'adonner à un simple exercice de style, le peintre suggère un hors-champ qui dépasse le cadre du tableau et ouvre ce dernier sur le monde réel. Jan Van Eyck crée ainsi une mise en abyme : il représente son œuvre dans sa propre œuvre et ouvre le débat sur la fonction de la peinture elle-même.

LA VIERGE AU CHANCELIER ROLIN

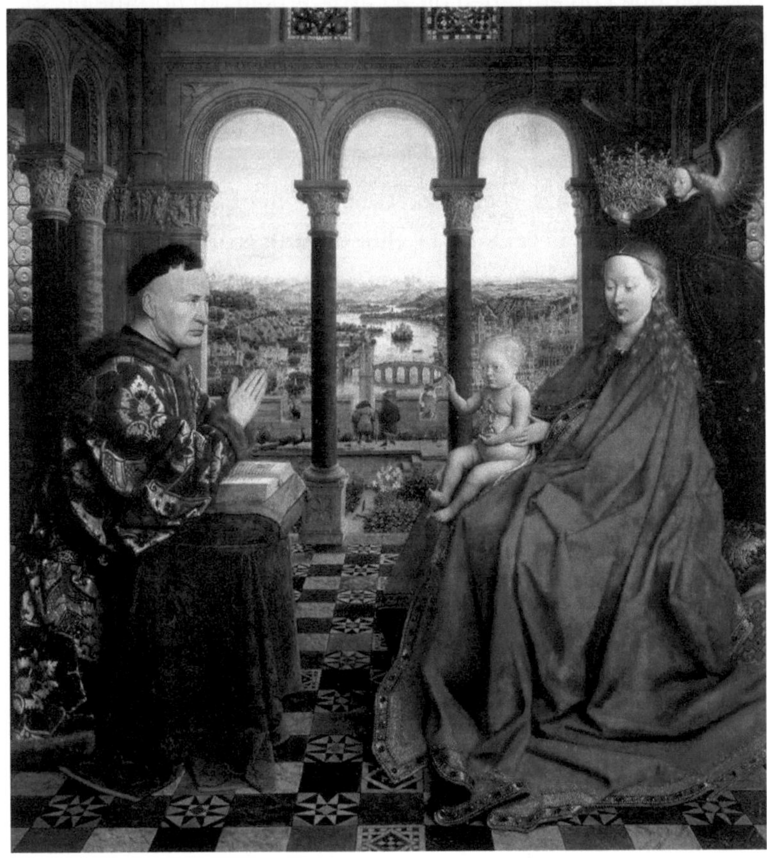

Le Chancelier Rolin en prière devant la Vierge, dit *La Vierge au Chancelier Rolin* ou *Vierge d'Autun*, vers 1435, huile sur bois (chêne), 66 x 62 cm, Paris, musée du Louvre.

Ce tableau représente le commanditaire, Nicolas Rolin (1376-1462), chancelier du duc de Bourgogne Philippe le Bon, agenouillé en face de la Vierge Marie couronnée par un ange et portant sur ses genoux l'enfant divin. À cette époque, les nobles et les aristocrates souhaitent se présenter en bons chrétiens ; c'est pourquoi certains portraits sont insérés dans des scènes religieuses. Cette œuvre se trouvait initialement dans l'église Notre-Dame-du-Châtel à Autun (où sont enterrés les membres de la famille Rolin), mais l'édifice fut détruit pendant la Révolution française. Il intègre alors les collections du musée du Louvre vers 1800 et perd son cadre d'origine. Grâce à une description du XVIIIe siècle, on sait que ce tableau était signé comme Van Eyck en avait l'habitude.

Bien que le thème représenté soit courant, son traitement pictural par Jan Van Eyck fait du tableau une œuvre moderne. En effet, une fois de plus, le réalisme est saisissant de justesse, notamment dans la minutie avec laquelle le peintre rend l'étoffe et le paysage, inégalée à l'époque. Le panorama en arrière-plan est si fidèlement représenté qu'on croit y reconnaître la cité de Liège à travers les représentations minutieuses du pont des Arches ou de la cathédrale Saint-Lambert. Toutefois, il peut également s'agir de Montereau ou simplement d'une synthèse de différentes villes. Ce soin apporté au paysage préfigure déjà la nature comme un genre pictural autonome (notamment à travers les peintures de paysage et les natures mortes). Par ailleurs, Jan Van Eyck utilise les principes mis au point par l'Italien Leon Battista Alberti (1404-1472), théoricien de la perspective, pour construire son espace intérieur et harmoniser les dalles de son carrelage. La succession des plans ainsi que l'île au centre du tableau créent un point de fuite et approfondissent la perspective. Il s'agit là d'une caractéristique majeure chez l'artiste. Aussi l'œuvre est-elle à nouveau marquée par le goût du peintre pour le traitement de la lumière. Ici, elle englobe les personnages comme si c'était la présence divine elle-même qui rayonnait du tableau.

Quant à sa signification, il ne s'agit pas seulement d'une glorification de son commanditaire. La façon dont la toile est composée suggère une séparation nette entre le monde des hommes (la partie gauche, avec le chancelier) et le monde divin (représenté par la Vierge). Mais, en incluant des éléments profanes (le paysage, les deux personnages au second plan, etc.) dans cette peinture d'apparence religieuse, le peintre relaye le glissement qui s'opère peu à peu entre un Moyen Âge profondément pieux et une Renaissance qui, tout en restant empreinte de religieux, accorde de plus en plus d'importance à la nature et à l'humain.

- 30 -

Détail amusant !

Des analyses poussées en laboratoire ont mis en évidence qu'à l'origine, la bourse de Nicolas Rolin était représentée bien plus grosse que dans le résultat final (visible par réflectographie infrarouge, une technique permettant d'observer les dessins préparatoires sous la couche picturale). On peut supposer que le commanditaire a voulu minimiser l'enrichissement qu'il tirait de sa prestigieuse fonction dans ce tableau destiné à lui attirer les faveurs de Marie.

JAN VAN EYCK, UNE SOURCE D'INSPIRATION

Si la renommée de Jan Van Eyck atteint l'Italie et l'Espagne, il est étonnant de constater que son influence reste très limitée. Certes, les primitifs flamands reprennent ses grands principes de réalisme, de trompe-l'œil, de sens caché et la technique de la peinture à l'huile, mais sans réellement s'inscrire dans une continuité directe.

Les seuls à être considérés comme ses successeurs en Flandre sont Petrus Christus (vers 1420-1473), Rogier Van der Weyden (1399/1400-1464) et, dans une moindre mesure, Hugo Van der Goes (1435/1445-1482). L'héritage de Jan Van Eyck dans les œuvres de Petrus Christus, plus particulièrement, est tel que certains ont même émis l'hypothèse qu'il fut son élève à Bruges. Si les dates ne semblent pas concorder, il est toutefois avéré qu'il a terminé certains tableaux de Jan Van Eyck après sa mort.

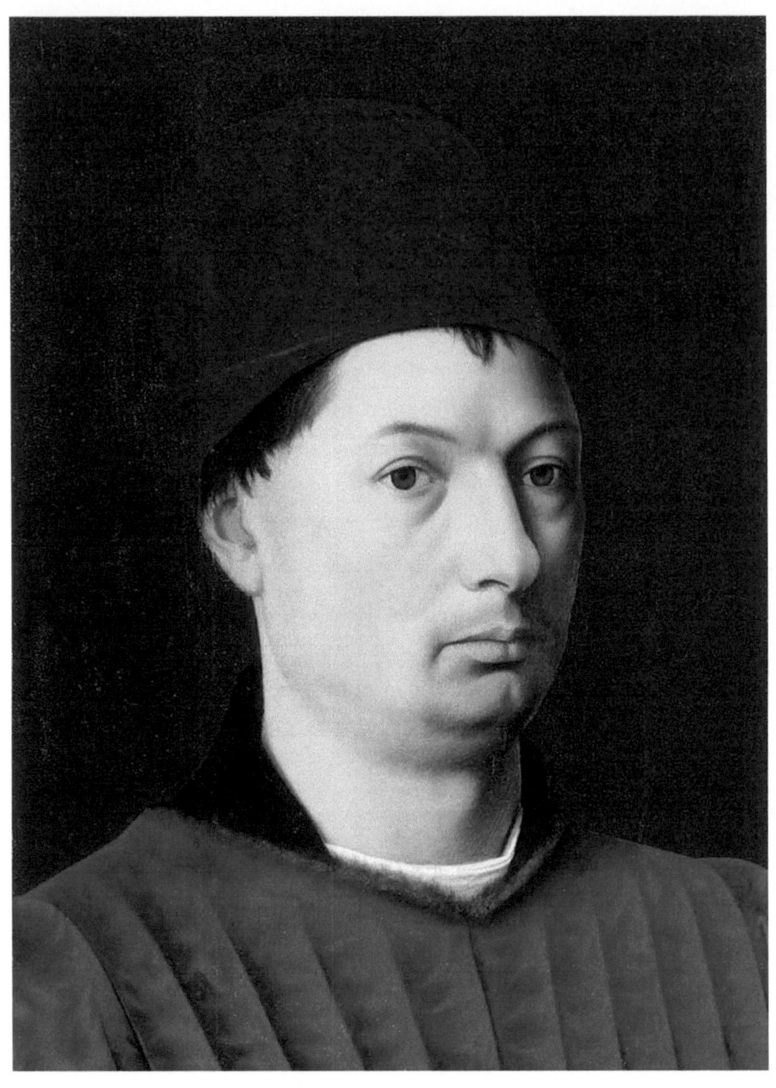

Dans *Portrait d'un homme*, par exemple, on retrouve, comme dans *L'Homme au turban rouge*, la représentation du buste de trois-quarts face, les yeux fixés sur le spectateur, la répartition des couleurs rouge et noire dans deux parties distinctes du tableau, le rendu réaliste des rides d'expression du personnage et un jeu subtil de lumière, rendu possible par la peinture à l'huile. La ressemblance est encore plus frappante dans *Un orfèvre dans son atelier, peut-être saint Éloi*. Toutefois, les physionomies sont plus maladroites que chez Jan Van Eyck et les visages sont moins individualisés.

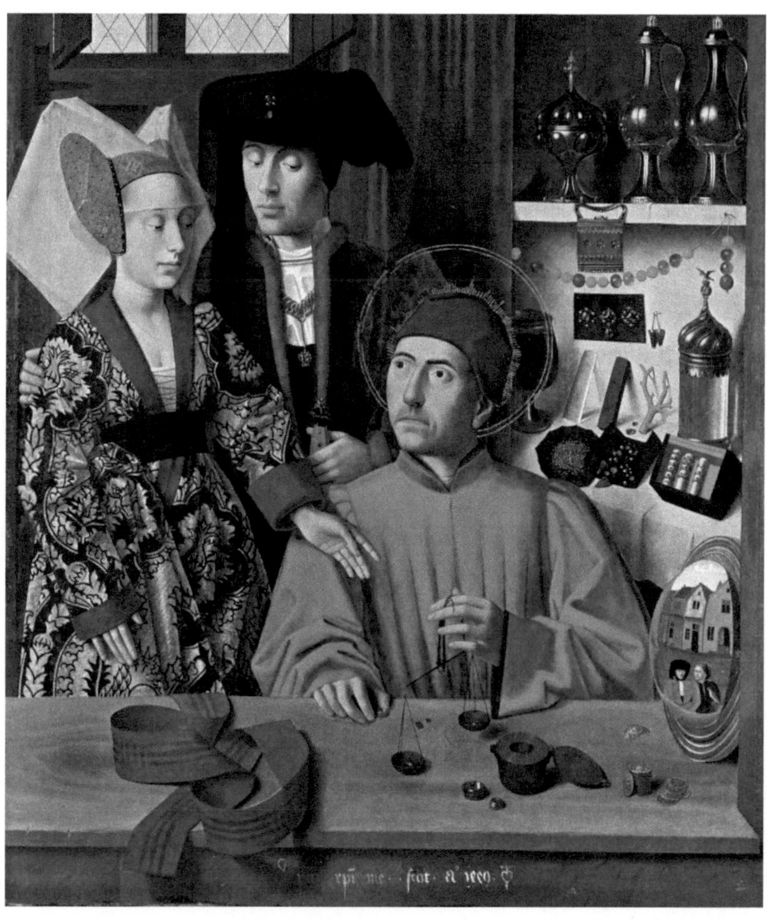

Christus (Petrus), *Un orfèvre dans son atelier, peut-être saint Éloi*, 1449, huile sur bois (chêne), 98 × 85 cm, New York, Metropolitan Museum of Art.

Petrus Christus fait preuve du même réalisme et du même souci du détail que Jan Van Eyck : il accorde une grande importance aux modes et aux mobiliers locaux, et la boutique est remplie d'objets au symbolisme caché (les pièces évoquent la vanité du monde, la balance représente la pureté des âmes, etc.). Par ailleurs, le peintre a signé son œuvre sous le pupitre de l'orfèvre (« Maître Petrus Christus m'a fait en l'an 1449. ») et réinvestit le thème du miroir présent dans *Les Époux Arnolfini* pour ouvrir l'espace pictural au spectateur.

Une postérité inattendue attend Jan Van Eyck en Italie, à travers le peintre Antonello de Messine (vers 1430-1479). Selon Giorgio Vasari, Antonello de Messine découvre la peinture du maître dans le palais de Naples du roi Alphonse II d'Aragon (1448-1495). Il expérimente alors dans sa peinture certains traits appréciés par le peintre flamand.

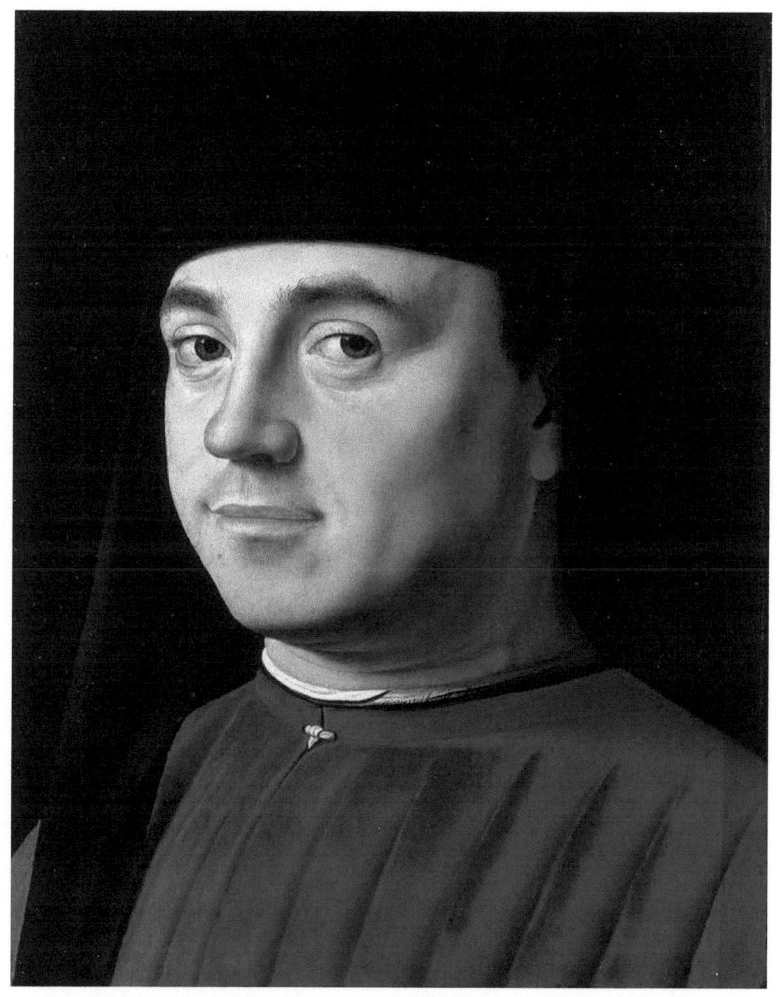

MESSINE (Antonello de), *Portrait d'un homme*, 1475-1476, tempera et huile sur bois, 31 × 25,2 cm, Rome, Galerie Borghèse.

Son *Portrait d'un homme* est directement inspiré du maître flamand : la vue de trois-quarts face remplace la vue de profil, beaucoup plus courante en Italie, et l'opposition du rouge et du noir ressort nettement. L'utilisation de la peinture à l'huile permet, comme chez Jan Van Eyck, un traitement beaucoup plus réaliste du portrait que la traditionnelle tempera italienne. Enfin, Antonello réutilise les fonds sombres et la lumière venant de la gauche pour faire contraster les couleurs dans son tableau.

EN RÉSUMÉ

- Jan Van Eyck, né entre 1390 et 1400, est un peintre à la charnière entre le Moyen Âge et la Renaissance.
- La naissance de l'humanisme, au XVᵉ siècle, amène l'homme à se recentrer sur lui-même. Ce courant de pensée influence tous les domaines. En peinture, notamment, on abandonne peu à peu les figures religieuses rigides et solennelles pour représenter des personnages humains, peints avec davantage de réalisme.
- Jan Van Eyck profite de la prospérité des Flandres et du mécénat de Philippe le Bon, duc de Bourgogne, pour peaufiner son art. Il est libre d'expérimenter de nouveaux thèmes figuratifs (par exemple, le portrait) et de perfectionner la technique de la peinture à l'huile en jouant sur son temps de séchage.
- Ancré dans une époque nouvelle, l'artiste sort de l'anonymat. Jan van Eyck est l'un des premiers peintres à signer ses tableaux.
- Il appartient au groupe des primitifs flamands, et partage avec eux son goût pour les détails réalistes, les jeux de trompe-l'œil, l'insertion de sens cachés dans les œuvres et le traitement de lumière.
- L'essentiel de sa production se compose de représentations de la Vierge Marie et de portraits, même si son œuvre la plus connue est le retable de *L'Agneau mystique*, achevé en 1432.
- Son travail inspire celui de Petrus Christus, mais franchit également les frontières de la Flandre en influençant l'Italien Antonello de Messine.

POUR ALLER PLUS LOIN

SOURCES BIBLIOGRAPHIQUES

- BERNARD (Edina), *Histoire de l'art du Moyen Âge à nos jours*, Paris, Larousse, 2006.
- BORCHERT (Tilll-Holger), *Jan Van Eyck*, Cologne, Taschen, 2008.
- BORCHERT (Tilll-Holger), *Le Siècle de Van Eyck, 1430-1530. Le monde méditerranéen et les primitifs flamands*, catalogue d'exposition, Bruges, Groeningemuseum de Bruges, 2002.
- CARVALHO (Roberto), *Le Petit Livre du grand art. De la peinture occidentale de la préhistoire au post-impressionnisme*, Paris, Gründ, 2005.
- HADJADJ (Fabrice), *L'Agneau mystique. Le retable des frères Van Eyck*, Paris, L'Œuvre éditions, 2008.
- PANOFSKY (Erwin), *Les Primitifs flamands*, Paris, Hazan, 2010.
- « La Peinture flamande et hollandaise de Van Eyck à Rembrandt, XVe-XVIIe siècles », sur http://www.bnf.fr/documents/biblio_peinture_flamande.pdf, consulté le 23/05/2014.
- « Van Eyck, Jan », sur http://balat.kikirpa.be/peintres/Detail_notice.php?id=5597, consulté le 23/05/2014.

SOURCES ICONOGRAPHIQUES

- CHRISTUS (Petrus), *Portrait d'un homme*, 1465, huile sur bois (chêne), 43,82 × 31,12 cm, Los Angeles, County Museum of Art. La photo reproduite est réputée libre de droits.
- CHRISTUS (Petrus), *Un orfèvre dans son atelier, peut-être saint Éloi*, 1449, huile sur bois (chêne), 98 × 85 cm, New York, Metropolitan Museum of Art. La photo reproduite est réputée libre de droits.

- MESSINE (Antonello de), *Portrait d'un homme*, 1475-1476, tempera et huile sur bois, 31 × 25,2 cm, Rome, Galerie Borghèse. La photo reproduite est réputée libre de droits.
- VAN EYCK (Jan), *L'Agneau mystique*, (1420-1432), huile sur bois, 350 x 461 cm (ouvert) et 350 x 223 cm (fermé), Gand, cathédrale Saint-Bavon. La photo reproduite est réputée libre de droits. VAN EYCK (Jan), *Le Chancelier Rolin en prière devant la Vierge*, vers 1435, huile sur bois (chêne), 66 x 62 cm, Paris, musée du Louvre. La photo reproduite est réputée libre de droits.
- VAN EYCK (Jan), *Les Époux Arnolfini*, 1434, huile sur bois (chêne), 82,2 x 60 cm, Londres, National Gallery. La photo reproduite est réputée libre de droits.
- VAN EYCK (Jan), *L'Homme au turban rouge*, 1433, huile sur bois, 25,5 x 19 cm, Londres, National Gallery. La photo reproduite est réputée libre de droits.

SOURCES COMPLÉMENTAIRES

- Pour admirer le retable de *L'Agneau mystique* et zoomer sur les détails, l'IRPA a mis en ligne une version haute définition de l'œuvre prise lors des dernières opérations de conservation/restauration : http://closertovaneyck.kikirpa.be/.

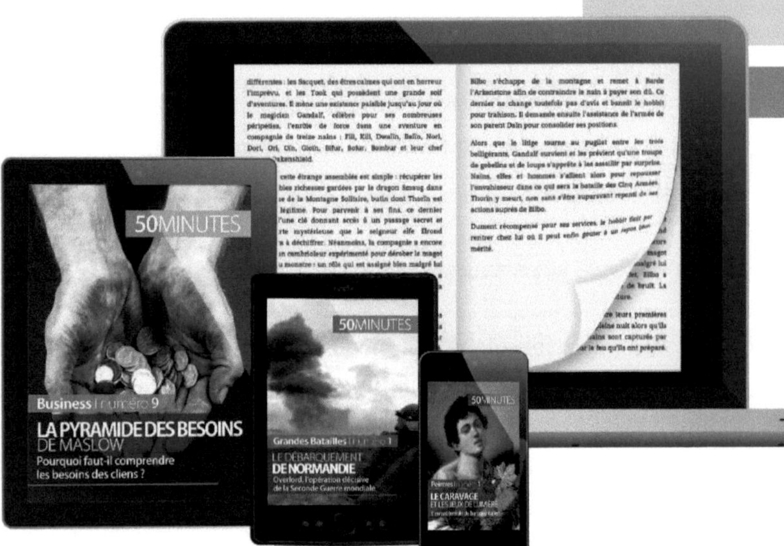

www.50minutes.com

Éditeur responsable : Lemaitre Publishing
Rue Lemaitre 6 | BE-5000 Namur
info@lemaitre-editions.com

ISBN ebook : 978-2-8062-5769-7
ISBN papier : 978-2-8062-5770-3
Dépôt légal : D/2014/12603/154
Photo de couverture : © *L'Homme au turban rouge*,
par Jan Van Eyck, 1433.

Conception numérique : Primento,
le partenaire numérique des éditeurs